UNE

AVENTURE

DE

NÉGRIER.

PAR DENIS DE TROBRIAND.

I HAVRE,
EZ J. MORLENT, IMPRIMEUR-LIBRAIRE.
1836.

AVANT-PROPOS.

O vous autres, Messieurs les capitaines, qui avez navigué, qui avez été mousses, novices et matelots, ayez un peu d'indulgence pour les marins sous vos ordres, pardonnez quelques petites fautes à un matelot harassé de fatigue ! soyez les pères de vos équipages, et vous ne pouvez manquer d'être obéis, car nos marins français sont soumis et obéissans, ils seraient désolés d'être mutins, et s'ils le sont, pour me servir du terme, c'est qu'ils sont doublement provoqués par l'ouvrage excessif et une mauvaise nourriture, ils sortent de leur caractère, ils s'aigrissent à la longue. O vous tous qui lirez ces pages, prenez compassion d'un pauvre marin ; sa vie passée les trois quarts du temps au bruit sourd et monotone des vagues, sans compter quelquefois son caractère, obligé de ployer sous un commandement fier, hautain et despotique, se délasse à son arrivée à terre par des débauches ; mais hélas ! n'y faites pas attention ; car si vous aviez pu voir et suivre de l'œil non-seulement toutes les misères qu'il a endurées dans son voyage sans parler du reste, vous diriez : ma foi, il n'a pas tort de s'amuser ; il oublie pour ainsi dire dans trois ou quatre jours de plaisir ses misères passées, et je puis même affirmer comme marin, que c'est un bonheur pour la marine ; car, si en arrivant, les marins ne s'occupaient pas de bannir leur chagrin et leurs vexations de tous genres dans le vin, Messieurs les capitaines seraient plus souvent sujets à la juste vengeance que pourraient en tirer leurs ci-devant subordonnés.

Oui, Messieurs, certes, que le marin français est soumis et obéissant, mais la manière dont il est quelquefois commandé le fait sortir de son caractère avec justesse; car, français, et au service d'un particulier, et non à celui de l'état, certains tons de commandements répugnent à leur sens et à leur caractère. Certes, nous avons de très-bons capitaines, il ne m'appartient pas de les nommer, oui, ils sont bons ceux qui le sont, car quelle différence, entre eux et les mauvais! il y a pénurie de marins, il ne leur manque jamais de marins, et de bons, tandis que les méchants sont quelquefois réduits à prendre ce qu'ils trouvent, bons ou mauvais, mais plutôt mauvais; car jamais un bon matelot ne s'embarquera avec un capitaine qui aura la réputation d'être méchant. Quel doux plaisir pour un capitaine d'être aimé et adoré de son équipage; il n'appartient véritablement qu'à ceux qui sont humains, soyez-le donc; ayez soin des gens auxquels vous devez la réussite de vos spéculations, ne soyez pas égoïstes, protégez le faible contre le fort, ne soyez point tout-à-fait despotes et la nation vous bénira, car les bons commandements font les bons marins; ils ne déserteraient pas tant, en un mot, imitez les bons capitaines qui font et feront toujours l'admiration des bons matelots.

Votre très humble serviteur,

DENIS DE TROBRIAND.

UNE

AVENTURE

DE NÉGRIER.

Quelle scène imposante ! l'astre argenté prêt à disparaître dans de sombres vagues, la mer obscure, et non loin le miroir passager de sa fugitive élarté ; c'est la nuit, la nuit humide du golfe de Biaftre ; son ciel qui roule d'immenses nues, ses vents chargés de brumes, voilà la masse indécise de Saint-Thomé, placé comme une limite entre les deux hémisphères et son Doigtier, obélisque hardi de la nature.

Nous glissons silencieusement dans son ombre ténébreuse, et notre brick dans sa marche indolente, paraît aussi livré au repos qui l'environne.

Quelques fois, ainsi qu'oppressé par un songe fatiguant, sa mâture crie, ou la brise qui s'engouffre dans ses poulies, en tire de lamentables gémissemens. Pendant le jour il a fourni une course longue et rapide pour s'assurer quelques momens de repos; il vogue nonchalamment sous une voilure aisée, semblable au guerrier harrassé et prévoyant assoupi près de son armure; de même que lui, au moment de l'alerte, aucune surprise ne compromettra sa sûreté.

L'officier de quart marche d'un pas ferme sur son pont incliné; une ceinture de sentinelles vigilantes environne le brick, et l'insomnie retient le capitaine sur sa poupe bruissante ainsi que la respiration gênée d'un monstre de l'Océan.

Combien ce croissant qui descend lentement au vaste linceul qui doit l'ensevelir, rappelle à son cœur de souvenirs de sa jeunesse! Malgré les années et l'espace, il voit encore les blanches Arganasses de Pondichéry, et elle vit toujours dans ses pensées Aglaé à la bouche suave; ils crient ensemble sous les frais ombrages de Valvanour; il parcourt avec elle ces lieux que le chantre d'Éléonore a rendus immortels.

La démarche souple et légère de la jeune fille se prête au contact que lui imprime son bras, et l'œil attentif de la mère ne discerne pas la main qui répond à la pression de la sienne.

Le même astre qui va terminer sa carrière, brillait alors au haut des cieux, il lui dit :

Tu vois cette lune qui semble assister au culte en délire de l'Indou; je surveille sa course dans la voûte éthérée; le nautonnier mesure l'arc qui la sépare de celui dont elle emprunte son éclat, ou celui qui la tient distante de ces étoiles immuables comme la volonté qui les a fixées.

Puis, nous obtenons notre route sur la plaine immense que j'ai déjà bien parcourue, sans rencontrer le naufrage. Jamais dans les veillées de la mer elle ne montrera son disque changeant, sans que ta pensée, ma douce amie, ne s'offre à ma mémoire.

Bien des chagrins et bien des années ont passé sur sa tête; il a sillonné toutes les mers du globe; mais soit que le flambeau de la nuit éclaire un ciel calme et serein, ou qu'il apparaisse tout-à-coup derrière les nues chassées par la tempête, il rappellera toujours à son cœur les traits chéris de son amante.

Absorbé par ses réflexions, indifférent à tout ce qui l'environne, ce passé enchanteur dans lequel il se complait, nourrit seul ses mélancoliques regrets, et ce chef actif, que tout autre sujet ne saurait distraire de la surveillance qu'il déploie sans cesse, semble oublier que bientôt il dirigera sa route aventureuse dans la croisière perfide aux négriers que n'ont point appris une cruelle expérience.

Il se confie peut-être en son esprit, fertile en ruses de mer, et qui lui fournit toujours l'artifice le plus prompt et le plus salutaire.

L'appel au quart vient de l'arracher à sa contemplative méditation ; la lune colore d'un dernier reflet la cime des vagues qui voilent le mystère de sa disparition ; il faut doubler furtivement le parage connu de ces vaisseaux, instrumens rapaces d'une philantropie déceptionnelle.

Tout est rentré dans l'obscurité ; l'aviso rase la surface des flots, comme l'Albatros attardé, regagnant le roc solitaire, et l'instant de prendre la direction périlleuse, est annoncé par la voix mâle et claire du capitaine.

Des panneaux ténébreux s'échappent des ombres fugitives, qui se mêlent à l'apparente confusion qui s'agite dans le pare-manœuvre ; aucune parole ne s'unit au bruit des cordages dont on vérifie les glaines, ni aucun des matelots, qui s'empressent dans le court intervalle qui précède le virement de bord, ne cherche à pénétrer l'objet de l'évolution qu'on va effectuer.

Tous lui ont confié leur avenir, et, débarrassé d'un fardeau trop puissant pour eux, ils ne songent qu'à exécuter sa volonté, toujours supérieure aux évènemens de leur course hasardeuse.

Ils savent seulement qu'alors qu'il y a danger, le capitaine prend le porte-voix, non qu'il ait besoin de l'airain pour faire tonner ses paroles, car sans aide au milieu de la furie de l'ouragan il le domine comme un avertissement sorti même du foyer de la tempête.

Mais si l'exécution n'est pas aussi prompte qu'il l'a désirée, alors le son retentissant de la trompette du dernier jour, n'est pas plus éclatant; à travers la voix furieuse de la tempête, il va frapper l'oreille la plus éloignée, et y vibre aussi fortement que si le son acoustique était près d'elle.

Le brick était disposé pour surmonter les obstacles d'une mer irritée, on l'a légèrement dévié de la route qu'il parcourait; ainsi on accélère la marche d'un coursier qui va franchir une barrière; les vagues qui s'élancent dans la direction même des voiles, se fondent; provoqué, il marche fièrement à leur rencontre, les focs délivrés de leurs écoutes, s'agitent violemment; les voiles de l'avant fasceillent, puis se collent avec force sur leurs mâts.

Presque aussitôt le fard de l'arrière qui semble assisté d'un aide surnaturel, se range rapidemcnt à l'autre amure.

Alors le navire, satisfait d'avoir maîtrisé les flots, se balance légèrement, et s'inclinant de nouveau avec grâee, s'abat avec vitesse dans la perpendiculaire de la voie abandonnée; plus longue, mais non moins certaine, est la manœuvre des voiles de la proue, elles pivotent en répulsant le vent, frémissent un moment, et enfin l'extrémité de leurs vergues se pointent d'elles-mêmes à l'angle de la brise.

Les lames taquines qui clapotaient sur les flancs lisses du brick, s'échappent timidement sous les termes, puis comme si elles voulaient éviter les regards de ces dieux tutélaires et domestiques, elles disparaissent dans les tourbillons enfantés par le gouvernail, qui se perdent à leur tour dans l'immense serpent que déroule la quille; trace prestigée par l'aspect changeant des flots.

Le héron qui s'est élevé lentement du lac dont il a cessé d'effleurer la surface, n'a pas un vol plus sûr et plus majestueux que la course obtenue par l'effort de toutes les voiles tendues avec soin aux vents qui se complaisent à y rester captifs, et à les emplir comme l'outre dont ils se sont échappés.

Oui tout est bien à bord de l'Aviso, ordre et silence. La dernière manœuvre roulée avec autant de précaution, que le fil qui obéit à une mécanique, vient d'être retourné, et les dernieres paroles proférées, semblables à la prophétie d'un esprit de l'air, commandent d'observer l'antre immense et impénétrable, dont l'œil qui a perdu l'appréciation des distance, agrandit ou resserre les limites.

Le brick vogue entouré du diaphane manteau des vapeurs humides poussées par la brise, la brume s'est abaissée couvrant d'un dais ténébreux la tête des mâts, et elle déverse une pluie fine et pénétrante.

L'habitacle renvoie la lueur blafarde, sur le front soucieux du capitaine. « Laissez porter....» prononce-t-il d'une voix adoucie et les yeux fixés sur la boussole, il observe son obéissance apparente, puis ramenant lui-même le gouvernail, il rencontre l'arrivée, en disant au timonier: « comme ça !.. Largue les boulines partout, appuie les bras du vent, les bonnettes à babord !. » En quelques minutes tout a été exécuté.

Il précipite sa marche, le brick ; le frein du coursier qu'active l'éperon n'est pas plus écumeux que les flots amassés sous sa guibre hâtée ; l'arrière frétille comme la queue du saumon, remontant un fleuve débordé, moins tremblante est la main tendue par un écolier docile.

Le beaupré s'élève audacieusement sur les lames, ou menace leurs abîmes de sa baïonnette effilée, les focs s'enflent ou retombent sur l'étai, toutes les voiles carrées sont pleines du souffle nourri de l'Aquilon.

Quelle obscurité ! celui qui sollicite la prévision de l'avenir n'a pas plus de clairvoyance que ceux dont les regards vagues et fatigués, errent dans l'espace restreint qui les environne ; il faut que l'homme de mer croie à la destinée, conviction qui lui voile les périls dont il se joue, sans désirer même les prévoir ; car si, en présence de tous les dangers qu'il rencontre, il appesantissait sa réflexion sur les risques qui sèment sa carrière, jamais il ne confierait son existence aux frêles planches qui le supportent.

Tout-à-coup nous vîmes le capitaine interrompre sa promenade ; son corps prit l'immobilité d'une statue, il paraissait livré à une observation longue et soutenue, les mouvements même du navire ne dérangeaient point son attitude, mais à l'instant même qu'il ordonnait subitement d'amener les bonnettes et qu'elles retombaient sur le pont, une clarté soudaine, confondue avec la détonation d'une pièce de gros calibre, vint nous apprendre le motif impérieux de la manœuvre commencée.

« Oriente au plus près, lof tout, » se perdirent dans l'explosion étourdissante d'un second coup de canon ; il dessine les formes gigantesque d'un trois-mâts, et il nous devint même permis de distinguer sa voilure, se montrant dans les ténèbres comme une larve malfaisante rôdant dans l'ombre pour accomplir un projet sinistre. Nous continuâmes notre fuite à petite distance du croiseur dont le feu augmentait à raison de sa persistance.

La flamme rougeâtre qu'il vomissait reflétait une couleur livide et instantanée sur nos matelots immobiles à leurs postes, rien cependant ne présageait notre capture ; mais à la suite du sifflement d'un boulet, le grand hunier

s'arrise sur le ton, ainsi que la tête de l'homme timoré salue la balle passée, il se presse sur le mât, poussé par le caprice des vents qui conjuraient peut-être notre perte. Cette petite avarie était sérieuse dans notre situation. Le bâtiment qui nous poursuivait profita du désordre de notre voilure, et se trouva en quelques moments à portée de la voix.

Nous prîmes la panne ; un fanal était placé sur le couronnement près du capitaine. Nous, habitués à échapper aux croiseurs, nous ne pouvions croire au funeste évènement qui allait s'accomplir et nous attendions silencieusement des ordres, persuadés qu'il n'avait qu'à les énoncer, pour nous retirer de la position désespérée dans laquelle nous nous trouvions.

Ceux qui, par leur assignation de manœuvre, étaient assez rapprochés de lui pour suivre son visage, sa calme résolution et l'expression fière et ironique de ses yeux, conservaient peut-être quelqu'espoir, mais lorsqu'il jetait un regard furtif sur la frégate balançant sa haute mâture presque sur nos têtes, ils se représentaient alors notre brick dans l'attitude suppliante d'un enfant menacé d'un châtiment auquel il ne peut se soustraire.

Notre chef appela le second, l'entretint avec chaleur, son geste était pathétique, il désignait notre voilure et le croiseur, mais inspiré sans doute par une idée subite, il s'avança près du grand mât et adressa ces paroles hautes et brèves à l'équipage :

« J'ai donné l'ordre de bosser les écoutes et les drisses, de passer les faux-bras; si vous êtes de vaillans matelots, nos sacs n'iront pas moisir dans les bastingages de celui-là. » Et son doigt agité d'un léger tremblement, montrait la frégate.

Il s'était tellement rendu maître de notre confiance, que sa promesse ne fut pas un instant mise en doute. Notre panne sous-ventée nous apportait les commandemens de la frégate, nous tenant sous sa batterie éclairée comme en présence de l'ennemi.

Et nous aussi nous étions les fils de cette France, poursuivant en nous les lois méconnues de l'humanité, triste aveuglement de l'esprit des hommes, ou plutôt funestes égaremens où les plongent des raisonnemens fallacieux.

Tel pair qui découle une élégie sur le sort des africains, n'a pas une ame pour des français infortunés. Le spectacle de la misère, de l'abjection d'un compatriote ne l'émeut pas ; il ne peut exprimer de douleur qu'en faveur des nègres ; pour eux il a des entrailles, il pantomime même le sentiment; ce n'est plus l'être superbe au cœur sec, qui du haut d'un char rapide, jette un coup-d'œil distrait sur la pauvreté hideuse qui par erreur s'est accroupie près de son hôtel somptueux, et pour laquelle il n'a point une aumône ; à la tribune il fait retentir des paroles philantropiques, il y parle du bonheur des peuples ; qu'on lui confie le timon de l'état il ramènera le siècle d'Astrée.

Oui, cet homme possède un cœur bon et bienfaisant ; ainsi le proclame la multitude. Misérable jongleur ! l'heure du festin t'appelle, tu trouves encore à ta porte l'indigence grelottante de faim et de froid; ôtez-lui, gens de livrée, le dégoût de cette vue; votre maître est un grand seigneur, il hait les mendians, les paresseux, et chérit les nègres.

Et toi, commandant hautain, es-tu l'instrument docile d'une instruction ministérielle, ou bien calcule-tu d'avance ta part présumée de la capitation?

Rumine-tu déjà un rapport pompeux qui étale avec modestie tes savantes manœuvres?

Si tu veux l'amariner, redouble de vigilance, surveille ce brick; son capitaine est un homme de mer, sa volonté est forte, et jamais de meilleurs matelots que ceux qui lui obéissent, n'ont disputé leur existence aux tempêtes.

Bientôt nous entendîmes une embarcation tomber lourdement à la mer, dès lors on neutralisa habilement l'effort contraire des voiles de l'arrière, ce qui nous éloignait imperceptiblement car le grand hunier était rétabli en tête de bois; les cargues des basses voiles, celles des perroquets étaient à la main, ainsi que les drisses et écoutes.

Je me rappelerai toujours cette

scène nocturne ; les rames du canot battant avec mesure les flots, la masse confuse des hommes qu'il renfermait et sur lesquels nous jetions des yeux inquiets, leurs armes qui brillaient quelquefois sous les rayons éloignés de notre fanal. Pour mon compte, je l'avoue, je commençais à douter de l'assurance donnée par le capitaine, lui toujours impassible, et disant à l'officier de la péniche d'un ton caustique et léger :

« Si vous voulez, Monsieur, accoster à bas bord, vous monterez plus facilement. » nous recommandant à voix basse d'être dispos.

L'officier conserva un dédaigneux silence, et profita de l'avis ; mais au moment que le canot sciait pour tourner plus brusquement, la barre du brick était mise tout au vent, le fard de l'arrière ralinguait, et il fut couvert de toutes ses voiles en moins de temps qu'il n'en faudrait pour en faire la narration, car la toile du drame hué par un public mécontent, ne tombe pas avec plus de promptitude que celles qui s'abaissèrent des hunes ou de la cîme des mats.

Les clameurs de la péniche se mêlaient au froissement des voiles, aux criaillemens des poulies, aux fureurs des bonnettes secouant leurs boutsdehors avec désespoir, et enfin rendues captives, comme le taureau indompté dont on calme les mouvemens désordonnés par des entraves disposées avec art. Quelques coups d'armes à feu, plutôt avertissement donné à la frégate que moyen employé pour nous arrêter; partirent du canot et notre brick courait avec la rapidité de la mer, car un grain tapait à bord, il mugissait dans la mâture ployée ainsi qu'un jonc flexible.

Une nappe d'eau grisâtre se formait sous les torrens de pluie et s'élevait sur les flots, semblable aux vapeurs qui s'exhalent d'un marais stagnant; le ciel, je le crois, protégeait notre fuite, nous distinguions à peine nos mâts se montrant en blancs fantômes drapés de vêtemens funèbres, et les mouvemens saccadés du navire nous apprenaient qu'il franchissait les lames avec la plus grande vitesse.

Dans ce climat, les transitions de l'atmosphère, (et surtout aux environs de l'équinoxe d'automne,) ne sont jamais aussi entières que dans les parages soumis à l'action des vents alisés. Cependant l'accident du grain n'eut pas une plus longue durée, et lorsqu'il eut fini de déverser ses cataractes, nous voguions encore sous un horizon nébuleux.

Nous aperçûmes néanmoins un feu élevé déclinant sa pâle clarté ; il signalait la position de la frégate et nous démontrait que la péniche ne l'avait pas encore rejointe, mais forçant de toiles et continuant notre route tôt après, il descendit lentement et disparut.

FIN.

BIBLIOTHEQUE ROYALE
I